INAUGURATION

DU

BUSTE DE BERRYER

AU COLLÉGE DE JUILLY

LE 25 MAI 1879

DISCOURS

De M. Charles HAMEL

PRÉSIDENT DE L'ASSOCIATION AMICALE DES ANCIENS ÉLÈVES

SAINT-CLOUD

IMPRIMERIE DE Mme Ve EUGÈNE BELIN

RUE DU CALVAIRE, N° 3

1879

INAUGURATION

DU

BUSTE DE BERRYER

AU COLLÉGE DE JUILLY

LE 25 MAI 1879

DISCOURS

De M. Charles HAMEL

PRÉSIDENT DE L'ASSOCIATION AMICALE DES ANCIENS ÉLÈVES

SAINT-CLOUD

IMPRIMERIE DE Mme Ve EUGÈNE BELIN

RUE DU CALVAIRE, N° 3

1879

Mon révérend père (1),
Mesdames, Messieurs,
Mes chers camarades,

Il n'est pas une cité, il n'est pas un lieu sur lesquels le grand nom de Berryer a projeté son éclat, qui n'aient tenu à perpétuer sa mémoire et à la couronner d'honneur.

Marseille, sa ville natale, lui a déjà érigé une statue sur l'une de ses places publiques.

Le Palais-de-Justice de Paris, témoin habituel de ses triomphes, a revendiqué pour sa salle des Pas perdus le monument que lui ont élevé de concert la piété filiale et l'amitié.

Augerville, où il est mort, a renfermé ses cendres dans un mausolée digne d'elles.

Juilly qui l'a élevé (2) et dont il a tant rehaussé la gloire en ce siècle, lui devait, lui aussi, le tribut de sa reconnaissance ; et c'est pour l'acquitter que nous sommes venus, aujourd'hui, assister à l'inauguration du buste du grand orateur, dont la cérémonie nous rassemble en ce moment.

Ce buste, qui nous rend si vivante et si vraie sa mâle

(1) Le R. P. Pététot, Supérieur général de l'Oratoire.
(2) De 1796 à 1806.

et imposante figure, est la reproduction exacte de la partie principale du groupe du Palais de Justice de Paris ; et il nous a été offert par l'auteur même de cette composition magistrale, M. Chapu. Que l'éminent artiste, qui daigne honorer cette fête de sa présence, me permette de lui exprimer ma profonde gratitude au nom de toute la famille juliacienne. Il peut juger, à l'affluence de nos camarades qui se pressent autour de lui, combien nous sommes touchés tous de sa générosité, et du prix que nous attachons à son magnifique cadeau.

Vous avez voulu, Monsieur, doter notre cher collège d'un souvenir durable de l'un de ses plus illustres enfants, afin que la vue de sa noble tête rappelât d'âge en âge aux élèves de cette maison les rares qualités de sa grande âme. Vos intentions, je puis m'en porter garant, seront scrupuleusement remplies ; et pour mieux y répondre, je crois en être assuré, il n'est pas un de nos jeunes condisciples à qui, dans le cours de ses études, ses supérieurs ne procurent, au moins une fois, le bonheur d'aller à Paris contempler dans son ensemble ce nouveau chef-d'œuvre de votre ciseau, qui exprime, par des symboles si saisissants et si justes, les dons privilégiés de cette nature d'élite.

Vous le voyez toujours, n'est-il pas vrai, Messieurs, et vous aussi, mes jeunes camarades, qui avez pris part avec nous à la solennité du 20 janvier dernier. Il est là, en face de Malesherbes, à l'entrée de ces salles d'audience dont les voûtes ont si souvent retenti des accents enflammés de son ardente parole. Il est debout et il parle. Sous la robe d'avocat qui le couvre et qu'il laisse entr'ouverte, il porte le frac de l'homme politique et tient sa main droite appuyée sur son cœur, sur ce cœur qui a battu pour toutes les nobles causes et d'où ont jailli tant de fois de si patriotiques improvisations et de si foudroyantes apostrophes. A ses côtés, deux femmes sont assises : l'Éloquence et la Fidélité. L'Éloquence, un parchemin déroulé sur ses genoux et une plume à la main, se tourne vers lui et le fixe du regard. On la dirait suspendue à ses lèvres et comme étonnée de rencontrer en lui son propre maître. La Fidélité soutient de son bras l'Écu de France ; et la sérénité de son visage, le calme de son attitude révèlent sa confiance dans l'issue de la lutte, soutenue par un tel athlète, pour ces grandes choses qui s'appellent la vérité, la conscience et la majesté du droit.

Ce sont bien là, en effet, les titres de Berryer à notre admiration ; car il a réuni en lui la triple grandeur de l'éloquence, du caractère et du cœur.

Il a été grand par l'éloquence, si grand qu'il en semble la personnification. Il avait la méthode des maîtres et des larges esprits de l'antiquité, l'étendue et la profondeur de la pensée, l'habileté de l'exposition, la vigueur de la dialectique, la verve de l'inspiration, le bonheur des réparties, la fécondité des ressources. A ce concours de facultés étonnantes, il joignait la dignité du port, la virile beauté des traits, la fascination du regard, le prestige du geste, le charme de la voix : merveilleux ensemble qui donnait à sa parole une incomparable magie.

Aussi a-t-il excellé dans l'éloquence parlementaire non moins que dans l'éloquence judiciaire.

A la tribune, il a été, après Mirabeau, le prince de nos orateurs, et nul ne l'a dominée comme lui. « Il s'y éta» blit, a dit de lui un écrivain dont les portraits politi» ques sont restés célèbres (1), et il s'en empare comme

____

(1) Timon, *Livre des Orateurs.*

» s'il en était le maître, j'allais dire le despote. Sa poi-
» trine se gonfle, son buste s'étale, sa taille s'allonge,
» l'on dirait un géant. »

De même à la barre des tribunaux, criminels ou civils,
il a été sans rival ; et nul n'a su comme lui subjuguer les
foules avides de l'entendre, les livrer à l'ivresse de l'en-
thousiasme, les ravir en extase ou les faire succomber
sous le poids de sa propre émotion.

Gardez-vous de croire cependant, Messieurs, que le
talent seul, quelque grand que vous le supposiez, puisse
atteindre à une telle puissance. Il lui faut, pour l'ob-
tenir, l'appui d'une force supérieure au génie lui-même,
le caractère et la grandeur morale.

L'homme, en effet, peut bien, en une heure de surprise, se laisser entraîner à la séduction d'une parole
trompeuse ; mais il ne soumet son cœur et sa volonté qu'à
l'expression d'une âme droite et d'une pensée sincère.
La sagacité des anciens ne s'y est pas trompée ; elle a
discerné dans la probité la source vraie de l'éloquence ;
et elle a ratifié la définition de Cæcilius : « *Innocentia
est eloquentia.* »

Or, cette force, Berryer l'a possédée au plus haut
degré. Elle a fait l'admirable unité de sa vie publique et
elle l'a entouré, dès son vivant, au parlement aussi
bien qu'au barreau, d'une auréole de considération et
de respect qui ne peut que grandir aux yeux de la
postérité.

Laissez-moi, Messieurs, retenir votre attention, quelques instants de plus peut-être que je ne le devrais, sur
ce côté si attachant de sa noble physionomie. Le spectacle de ses généreux vouloirs et de ses convictions réso-
lues nous reposera, vous et moi, de la vue repoussante

de ce réalisme contemporain qui n'enseigne à nos générations défaillantes que la poursuite du lucre et des grossiers plaisirs ; et il ne pourra, d'ailleurs, que développer dans cette jeunesse qui m'écoute le sentiment du devoir et l'intelligence de la vraie grandeur.

Élevé dans le culte de notre profession par un père qui l'honora lui-même, il puisa, à son école, avec les plus saines traditions de notre Ordre, une notion exacte des vertus qu'il exige et des obligations qu'il impose. Intègre jusqu'au scrupule, désintéressé jusqu'à l'excès, il acquittait envers tous ses clients, riches ou pauvres, la dette de son plus entier dévouement ; il étudiait ses causes avec un soin jaloux et s'identifiait avec elles. Mais son ardeur à les défendre ne l'entraîna jamais à méconnaître les droits de la vérité ou à violer ceux de la justice. Ce n'est pas lui qui aurait pu encourir le blâme d'avoir, une seule fois dans sa longue et brillante carrière, demandé une rémunération supérieure au service rendu ou au travail accompli, encore moins d'avoir exigé de ces honoraires énormes, qui rappelleraient le chiffre excessif et qui pèse encore sur sa mémoire, de ces deux millions de sesterces, — près de 400,000 francs de notre monnaie — réclamés par Cicéron de P. Sylla, l'un de ses clients, impliqué dans la conjuration de Catilina (1). Il ne comprenait la parole libre des débats judiciaires que comme un hommage permanent à la loi qu'elle doit éclairer, compléter ou défendre. Il avait horreur de sa prostitution aux félonies de la conscience et aux calculs de basse ambition, qui ne peuvent que grossir le nombre de ces contempteurs sacrilèges de la loi divine, toujours prêts à briser les constitutions, à violer les libertés publiques et à sacrifier à leur égoïsme

(1) Dézobry, *Rome au siècle d'Auguste*. (Ed. de 1847, t. III, p. 193.)

ou à leur impiété la dignité et jusqu'à la vie nationale.
« Non! s'écriait-il dans un procès fameux, ce n'est pas
» le désir de briller qui m'anime, et je déchirerais ma
» robe, si je n'étais que le défenseur de ces criminels
» qui sont la peste de la société. »

Aussi, quand après cinquante-cinq ans de luttes et
de succès, il sentit ses forces défaillir, il put, dans ses
adieux à ses confrères, leur dire, avec cette autorité
unique de toute une vie sans tache : « Ah! mes amis!
» ce grand barreau, qu'il reste toujours comme il a
» été, ferme dans sa foi, dans son amour pour le droit ;
» car c'est là sa puissance, sa force, sa grandeur. » Et
sur sa tombe, nous avons recueilli de la bouche du re-
présentant de l'illustre barreau d'Angleterre, M. Hud-
dleston, cette déclaration si flatteuse pour sa mémoire,
que le « nom de Berryer n'appartient pas à la France
» seule, parce qu'il est l'exemple et par là même le pa-
» trimoine des barreaux de tous les pays. »

Ce respect absolu du droit, dont il avait fait la règle
immuable de sa conduite au Palais, lui valut une autre
gloire, celle de rester constamment fidèle à lui-même,
sans une heure d'éclipse, dans les quarante années de
sa carrière politique.

Instruit par l'expérience de son père et par la sienne
propre, « il n'avait foi, pour la fondation d'un État
stable et libre, » il l'a dit lui-même à la tribune, « ni
dans la mobilité des passions populaires, » sans cesse
excitées par l'ignorance et l'envie, ces deux écueils redoutables des démocraties : *Vitium parvis magnisque
civitatibus commune*, dit Tacite, *ignorantia recti et
invidia*, « ni même dans l'autorité sans bornes du génie
d'un grand homme, qui conduit à d'éclatantes vic-
toires, à d'immenses succès, mais aussi à d'affreux

revers et à l'effacement de tout ce qui constitue la société. » Les atrocités de la Terreur, les hontes du Directoire, les désastres de l'Empire lui avaient fait comprendre la nécessité d'un principe. Il lui était apparu, avec l'évidence d'une vérité de raisonnement, dans le droit traditionnel, s'appuyant sur les libertés nationales et leur communiquant ce caractère de règle et de durée qui lui est propre. Et dès lors, il avait consacré ses forces et son talent à cimenter l'alliance du principe monarchique et d'une liberté sage, dont l'union lui semblait le seul gage de l'avenir et de la prospérité de la société moderne.

Sa persévérance dans cette conviction, soit pendant l'épreuve de son long isolement, soit au milieu des contradictions violentes des partis contraires, a été l'honneur de sa vie. Elle lui eût mérité l'octroi de cette fière devise d'une de nos maisons ducales : *Et si omnes, ego non.* A son défaut du moins, elle a confondu ses amis et ses adversaires dans un même sentiment d'estime pour sa fidélité à sa croyance, et « d'admiration pour les plus beaux accents que cette foi ait jamais fait jaillir de l'âme humaine (1). »

La postérité ira-t-elle plus loin que les contemporains de Berryer, et se rendra-t-elle un jour à sa foi politique ? Je l'ignore, et n'ai point, d'ailleurs, à l'examiner. Toutefois, sans aborder ici le terrain bouleversé de la politique, il est un fait que je crois pouvoir constater : c'est que, dans ce Palais-de-Justice de Paris, d'où sont sortis tant d'hommes politiques qui n'ont pas su garder la même fidélité que Berryer à leurs convictions, il n'en est que deux que notre Ordre ait tenu à offrir en exemple à ses membres : Malesherbes et Berryer,

(1) Discours du bâtonnier, Mᵉ Nicolet, à la solennité du 20 janvier 1879, au Palais-de-Justice de Paris.

l'un et l'autre intrépides champions de la cause monarchique (1).

Ai-je besoin d'ajouter que ce dévouement à ses principes royalistes s'alliait en lui à un amour ardent pour son pays, à un amour que je pourrais qualifier de sa part : le culte de la France, de sa dignité, de son indépendance et de sa grandeur ? Il nous estimait heureux entre tous les peuples « de n'avoir pas attachée à nos flancs une Pologne ou une Irlande. » Et malgré l'horreur que lui inspiraient les crimes de la Convention, il puisait dans son patriotisme la force de lui rendre justice à elle-même. « Oui, disait-il, c'est une Assemblée vouée par ses actes intérieurs à l'exécration des gens de bien et dont le souvenir soulève tout cœur d'homme : *eh bien ! je la remercie d'avoir sauvé l'intégrité du territoire.* » C'est lui encore qui, déroulant devant la Chambre le tableau du « gigantesque antagonisme politique et mi- » litaire qui s'étend des frontières de la Tartarie aux

(1) Le comte de Falloux, dans sa remarquable étude sur l'*Évêque d'Orléans*, rapporte qu'au printemps de 1856 se trouvant l'hôte de Berryer, à son château d'Angerville, avec Mgr Dupanloup et MM. Thiers, de Salvandy et de Montalembert, il entendit M. Thiers exposer les causes de la Révolution de Juillet et, après l'avoir qualifiée de malentendu terrible, ajouter avec un accent de profonde résolution : « Non, non, mon pays ne fera » jamais appel en vain à mon amour pour lui. Viennent les événements » que vous souhaitez et que je souhaite avec vous plus que vous ne le » croyez peut-être : je ne reculerai ni devant les vérités ni même devant » les aveux. Je suis monarchiste autrement que vous à certains égards, » mais autant que vous ; je suis convaincu de la supériorité du système » monarchique ; je suis convaincu surtout que le tempérament français et » le système républicain sont incompatibles. Quand il ne s'agira plus que de » nous entendre sur les nuances, vous me verrez faire pour la monarchie » ce que vous m'avez vu faire pour la religion avec vous, avec mon véné- » rable ami, l'évêque d'Orléans. »

« Et en prononçant ces mots, M. Thiers se levait pour venir serrer les » mains de Mgr Dupanloup qui fondait en larmes. » . . . .

. . . .

« Le lendemain, ajoute M. de Falloux, nous quittâmes Angerville, admi- » rant plus que jamais notre hôte qui gagnait tant à être vu de près. » N° du *Correspondant* du 25 janvier 1879, p. 206.

» rives de la Méditerranée entre la Russie et l'Angle-
» terre, » s'indignait à la pensée que notre France res-
tât devant elles spectatrice impuissante de leurs luttes et
de leurs conquêtes, et s'écriait, sous l'empire d'une irré-
sistible émotion : « Quoi! Messieurs, la France ne sera
» qu'une puissance continentale, en dépit de ces vastes
» mers qui viennent rouler leurs flots sur nos rivages et
» solliciter en quelque sorte le génie de notre intelli-
» gence! »

Patriote avant tout, il ne comprenait pas qu'un
homme, quelque mêlé qu'il fût à la vie politique, pût
sacrifier jamais à des calculs de parti l'intérêt national.
Aussi quelque antipathie qu'il éprouvât pour le régime
de la Révolution de Juillet, il avait su gré à M. Thiers,
lors de son premier passage aux affaires, de ses coura-
geux efforts pour sauvegarder vis-à-vis des puissances,
en soutenant Ancône, l'influence française; et quand il
y revint en 1840, à la tête du cabinet du 1er mars, Berryer n'hésita pas à saluer son retour au pouvoir par ces
paroles généreuses : « Les événements qui ont été si
» différents pour vous et pour moi n'altèrent pas dans
» mon cœur, pas plus que dans mon esprit, l'apprécia-
» tion de ce que valent les hommes. Intellectuellement
» et moralement, je vous rends hommage. J'ai bien vu,
» Français que je suis, que vous étiez Français. J'ai
» reconnu à la palpitation de mes veines qu'il y avait
» aussi du sang français qui coulait dans les vôtres.
» Quand vous combattiez pour l'honneur, pour la di-
» gnité et pour l'ascendant de mon pays, je n'ai pu
» être d'un autre avis que le vôtre, et je l'ai proclamé. »
Devant l'expression de pareils sentiments, comment
ne pas aimer encore plus qu'on n'admire une âme aussi
française!

Mais ce qui donne un dernier relief à la beauté morale de Berryer, c'est la générosité de son cœur, c'est sa bonté, la bonté ! si bien définie par un autre orateur de sa taille, le père Lacordaire, « le don gratuit de soi-
» même, auquel s'ajoute une manière de se donner, un
» charme qui déguise le bienfait, une transparence qui
» permet de voir le cœur et de l'aimer, je ne sais quoi
» de doux, de simple, de prévenant, qui attire tout
» l'homme et lui fait préférer au spectacle même du
» génie, celui de la bonté (1). »

Cette bonté, Messieurs, était celle de Berryer.

Un sieur *Dehors*, accusé de complicité avec un incendiaire, allait comparaître devant la cour d'assises d'Évreux, quand son avocat tomba malade. Un de ses parents accourt implorer l'assistance de Berryer qui lit, en un jour, tout le volumineux dossier, et, convaincu de l'innocence de cet homme, consent à le défendre. A deux reprises, ses efforts sont impuissants ; et deux fois, à Évreux d'abord, puis à Rouen, par suite de la cassation du premier arrêt, le malheureux est condamné à mort. Il ne lui reste plus qu'une chance de salut, la cassation du second arrêt. Il l'obtient. Berryer, plus passionné que jamais pour sa cause, la plaide avec une telle chaleur et une telle conviction, que malgré l'accablante présomption de culpabilité que faisaient peser sur son client ses deux condamnations successives, il arrache au jury de la Seine le verdict de son complet acquittement. *Dehors* n'hésite pas : il réalise toute sa fortune et vient, accompagné de son fils et de sa fille, en déposer le montant aux pieds de son sauveur. Berryer l'accepte, en fait sur l'heure deux parts, donne l'une au fils, l'autre à la jeune fille et ne retient pour lui d'autres honoraires que les larmes de leur reconnaissance.

(1) Lacordaire, *Panégyrique du B. P. Fourier.*

Mais pourquoi m'écarter du cercle de nos propres souvenirs? Vous seriez étonnés, Messieurs, si je le supputais devant vous, du nombre de nos condisciples qui ont dû à sa parole, à ses conseils ou à ses démarches le salut de leur fortune ou de leur honneur. Je me bornerai à vous citer quelques traits de son affection pour ses camarades et pour ses maîtres et de son dévouement pour la maison de Juilly.

C'était fête, un jour, au prétoire de Meaux; il y plaidait pour le propriétaire du château de Nantouillet. Dans un moment de suspension de l'audience, il s'entend appeler, à quelques bancs derrière lui, et inviter à dîner, sans plus de façons, pour le soir même. Il reconnaît dans son interlocuteur son ancien camarade, Rolland, meunier des environs; il lui sourit, lui fait un signe d'assentiment et, l'affaire terminée, se hâte de se rendre chez lui et d'y rejoindre les amis qui l'y attendent, impatients de jouir, pendant quelques heures, du charme de son intimité.

Une autre fois, il apprend à Thieux, où il était en villégiature, que son ancien professeur de septième, le père Patuel, était retiré à Nantouillet, courbé sous le poids des ans et des infirmités. Dès le lendemain matin, il va, sans s'être fait annoncer, frapper à sa porte, s'enquérir de ses besoins et partager son frugal déjeuner. Le bon père « qui jadis à Paris, nous dit Barthélemy (1),

> » Quand il ouvrait l'office,
> » Ébranlait de sa voix les tours de Saint-Sulpice, »

la perd presque complètement sous le coup de la surprise d'une telle visite, et ne sait répondre que par des pleurs aux délicates prévenances de son élève. Berryer connut lui-même ce mutisme de l'émotion, le jour de la

(1) L'auteur de *Némésis*, élève de 1808 à 1810.

fète de ses noces d'or d'avocat, où l'ovation sans précédent dont il fut l'objet, « lui fit subir à lui-même cette puissance des larmes qu'il avait si souvent exercée (1). »

Plusieurs d'entre nous se rappellent encore la joie qui rayonnait sur son visage aux deux banquets de 1847 et de 1848 qu'il avait bien voulu présider. Et si le château de Thieux était le lieu préféré de son repos, c'était sans doute parce qu'il s'y trouvait chez l'un de ses amis d'enfance les plus chers, M. Arthur Gibert, mais aussi parce que, comme il nous l'avoua, il pouvait entendre de sa fenêtre le son lointain de la cloche du collège et revenir de temps en temps se promener dans les magnifiques allées de son parc. Volontiers alors, il montait jusqu'au potager; et, plus d'une fois, l'un de mes auditeurs pourrait l'attester, il s'arrêta devant l'habitation du jardinier en exprimant le regret de n'être pas libre de l'occuper et d'y finir ses jours. L'illustre dominicain, dont j'ai déjà cité les paroles, a écrit quelque part « qu'un grand homme dans une petite maison était ce qui le touchait le plus ici-bas. » Je n'en suis pas surpris. Ces regrets de Berryer trahissent en lui deux vertus, bien rares dans les hommes en possession de sa célébrité : la simplicité des goûts, privilège des âmes chrétiennement dédaigneuses de la fortune et du faste, et la modestie, qu'on a si bien nommée la pudeur de la gloire et qui lui donne son plus beau lustre.

Mais si la société de ses condisciples et de ses maîtres ou la seule vue de ces beaux lieux lui étaient si agréables, combien plus de plaisir il éprouvait encore à servir les intérêts de notre collège.

A peine avocat stagiaire, il devient le conseil de ceux qui naguères étaient ses maîtres et ses guides. C'est lui

(1) Discours de Me Nicolet, déjà cité.

qui, un peu plus tard, conçoit la pensée de leur société
tontinière, en rédige les statuts, en surveille la réalisation. C'est lui également qui, en 1828, quand l'âge, l'im-
possibilité de reconstituer leur congrégation, la difficulté
de la tâche que leur créent les funestes ordonnances du
16 juin, leur fait sentir la nécessité de transmettre à des
mains plus jeunes et plus viriles leur précieux dépôt, se
charge de cette épineuse négociation.

Il était en relations avec MM. les abbés de Scorbiac et
de Salinis. Il connaissait leur haute intelligence, leur
zèle des âmes, leur amour pour la jeunesse. Il ne voyait
pas d'hommes, autour de lui, plus capables de soutenir
l'honneur de cette Institution qui avait formé l'élite des
générations naissantes du siècle de Louis XIV, plus
dignes de porter le glorieux fardeau de la haute éducation chrétienne, qu'une spoliation inique enlevait aux
Jésuites de Bordeaux, de Sainte-Anne et de Saint-Acheul.
Il s'adressa donc à ces prêtres éminents, leur offrit l'héritage de l'Oratoire de Juilly et les détermina à l'accepter.
Service considérable, Messieurs, qui fait de Berryer « le
» lien qui unit les deux âges de cette maison (1), » et
dont elle doit lui garder un éternel souvenir.

En peu d'années, ses nouveaux directeurs l'avaient
conduite au faîte de la prospérité ; ils voulurent en faire
juge leur illustre ami, et ils l'invitèrent, en 1837, à venir
présider leur distribution des prix. Le principe tutélaire
de la liberté d'enseignement à tous ses degrés, de cette
liberté inamissible parce qu'elle est l'exercice d'un des
droits les plus sacrés de l'Église et de la conscience des
pères de famille, était depuis sept ans inscrit dans la
Charte. Mais le gouvernement d'alors n'eût pas été fâché
de l'y voir relégué à l'état de lettre-morte (2). La re-

(1) Discours de M. l'abbé de Scorbiac (*Palmarès* de 1837).
(2) Déjà, en 1835, les directeurs de Juilly, se fiant à la déclaration de

nommée croissante de Juilly lui portait ombrage ; il redoutait le retentissement de la parole de Berryer qui allait la grandir encore. Il essaya de l'entraver en déléguant à l'un des inspecteurs généraux de l'Université, M. de Montferrand, la mission de présider en son nom cette solennité. La loi ni les convenances ne la justifiaient ; Berryer était tout prêt à le montrer avec éclat. Mais elle était confiée à un homme de tact et prudent. Les paroles de ce haut fonctionnaire furent pleines de mesure et de courtoisie ; il ne changea rien ni au programme ni au caractère de la cérémonie. Et Berryer, à la fin d'une de ses plus émouvantes improvisations, n'eut à faire allusion à sa présence qu'en disant que « la joie » qu'il lui était donné de goûter était de celles qu'*aucune pensée jalouse ne peut avoir la puissance d'altérer.* » J'entends encore retentir le tonnerre d'applaudissements que firent éclater dans la salle entière ces simples paroles.

Plus tard, sous le régime de la République de 1848, quand la ferme initiative du comte Beugnot, bien mieux que les projets de loi de 1836 de M. Guizot et de 1844 de M. Villemain, prépara la réalisation de cette promesse de la charte de 1830 et amena le vote de la loi de conciliation et de justice du 15 mars 1850, Berryer fut, à côté de M. de Montalembert et de l'abbé Dupanloup qui allait

la Charte, avaient cru que par suite de la création de l'Université catholique de Louvain, ils pourraient ouvrir en France une institution semblable d'enseignement supérieur. Ils en demandèrent l'autorisation au ministre de l'instruction publique, qui la leur refusa. Ce fut même ce refus qui les détermina à préparer cette fondation si chère aux catholiques, en publiant une revue périodique qui en serait une sorte d'ébauche par la presse, et qui, sous ce titre même d'*Université catholique*, forma une vaste encyclopédie des sciences, dont les principaux articles furent de véritables cours écrits, correspondant aux diverses facultés d'une Université. Berryer s'était empressé d'accorder sa collaboration à cette revue, pour la partie des sciences sociales. (Voir notre *Histoire de Juilly*, p. 525, et l'*Université catholique*, nº 240, t. XL, décembre 1853, pp. 551 et suiv.)

devenir bientôt après le grand évêque d'Orléans, l'un
des plus énergiques soutiens de cette liberté d'enseignement non moins que de celle de la liberté des congrégations religieuses qui lui est étroitement unie.

Déjà il en avait pris la défense, en 1828, dans son remarquable rapport sur les ordonnances de juin, présenté
par lui au conseil général de l'*Association pour la défense des intérêts de la religion catholique*, que présidait
le duc d'Havré, et répondant à ce cri de haine contre les
jésuites, parti des bancs de l'opposition : « *Ils ne mé-
ritent que l'expulsion*, » il démontrait la fausseté et
l'inconséquence de la prétention de remettre en vigueur
les anciennes décisions royales sur les congrégations
religieuses non légalement reconnues, quand de nouveaux rapports sont établis entre l'Église et l'État et que
la liberté de conscience, l'égale protection accordée à
tous les cultes, l'égalité d'aptitude à tous les emplois,
» toute notre législation enfin repousse cette alliance
» bizarre entre les choses présentes et les lois d'un temps
» qui n'est plus. » Il ajoutait que si l'État ne reconnaît
pas les engagements religieux, en vertu de ce nouveau
principe de notre droit public que l'État n'a pas de religion propre, cela veut dire seulement qu'il ne voit dans
celui qui a fait des vœux solennels qu'une personne libre
et semblable en tout aux autres citoyens ; mais qu'il
n'en résulte nullement que l'État puisse interdire à l'un
quelconque de ses membres la liberté de former un en-
gagement de conscience et de se soumettre aux pra-
tiques de la vie religieuse, puisqu'au contraire ce même
principe l'oblige à respecter les consciences et à plus
forte raison les liens religieux consacrés dans un culte
régulièrement établi. Et il en concluait que « ce serait
» violer tous les droits que de ravir aux membres des
» congrégations religieuses la capacité commune à tous

» les Français, sans distinction de culte, de remplir les
» importantes fonctions de l'instruction publique. »

Combien ce langage, déjà si vrai sous l'empire du
monopole universitaire, l'est-il plus encore aujourd'hui
après trente ans d'un régime de liberté, consacré de
nouveau par la loi de 1875 !

A plusieurs reprises il revint, à la tribune, sur ce droit
incontestable d'existence de fait, qu'il appelait « *le droit*
» *sacré de vivre en commun* » et sur celui d'aptitude
aux fonctions de l'enseignement public, que ni l'Assemblée constituante, ni le Consulat, ni l'Empire n'avaient
jamais dénié aux membres des congrégations religieuses. Et les relations du Premier Consul avec les Ora-
toriens de Juilly, dont il avait été témoin, lui en four-
nirent une preuve saisissante dans son magnifique discours du 3 mai 1845, en réponse à l'interpellation de
M. Thiers relative à l'exécution des lois sur les congrégations religieuses et spécialement contre les Jésuites.
« Le vainqueur d'Italie, dit-il, vint à nos portes, à Dam-
» martin, à une lieue de la maison de Juilly. Deux cent
» cinquante enfants, rassemblés par douze ou quinze
» pères de l'Oratoire, furent au devant du Premier
» Consul. Je vois encore cette belle figure, ces longs
» cheveux blancs, cette longue robe noire du Père
» Amboin qui s'approche de lui : *Général, les maîtres*
» *qui ont formé Desaix, Casabianca et Muiron ont*
» *l'honneur de vous présenter leurs élèves.* — Ils sont
» en bonnes mains, dit le vainqueur d'Italie. Et nous qui
» savions sa gloire, il nous regardait comme pour nous
» encourager à respecter ces religieux qui nous avaient
» amenés auprès de lui (1).

(1) Nous reproduisons ici, *in extenso*, tout ce passage de son discours,
que nos condisciples liront, nous en sommes sûrs, avec intérêt :
« Il est bien aisé de dire *jésuite*.

A vingt-deux ans de là, Juilly, Messieurs, réservait à
Berryer une dernière et bien douce joie. Et le vénérable
président de cette solennité, le Père Général, ne me dé-
mentira pas, lui qui tant de fois a été le confident de ses
désirs, je pourrais ajouter même l'objet de ses pressantes
sollicitations, quand je dirai de quelle vive et profonde émotion il fut saisi, le jour où nous allâmes lui annoncer la signature du traité du 13 mai 1867, qui faisait
rentrer en possession de notre collège la nouvelle con-

» Dans mes jeunes années, à la fin de 1795, la loi qu'on interprète si
» mal aujourd'hui, était entendue autrement.

» La révolution avait frappé toutes les congrégations. La congrégation de
» l'Oratoire avait été dispersée, en 1792, comme toutes les autres.

» L'Institut, en tant que public, avait été anéanti; mais l'idée d'interdire
» à des hommes qui avaient vécu sous une règle, la faculté de vivre en
» commun, et d'appliquer leurs admirables lumières à l'éducation de la
» jeunesse, cette idée n'était pas venue alors. J'ai eu le bonheur, en 1795,
» de les trouver réunis dans leur maison, qu'ils avaient rachetée, y vivant
» comme particuliers et y donnant l'éducation que j'ai reçue, grâce à Dieu,
» de leurs mains.

» Ces hommes, on avait détruit leur ordre dans leur caractère public,
» dans son existence légale; on ne leur avait pas interdit la vie commune.

» Il m'en souvient, je vous demande pardon, je ne pensais pas m'aban-
» donner ici. C'est un des touchants, des nobles souvenirs de mes pre-
» mières années. C'était dans les premiers jours du Consulat, je crois, mais
» certainement après la première campagne d'Italie. Nous étions nombreux
» dans cette maison, sous la direction des religieux de l'Oratoire. Le
» P. Amboin avait été supérieur de l'école d'Effiat, en Auvergne. Le Pre-
» mier Consul nous avait donné pour camarade son plus jeune frère, celui
» qui devait plus tard devenir roi de Westphalie.

» Le vainqueur d'Italie vint à nos portes, à Dammartin, à une lieue de la
» maison de Juilly. Deux cent cinquante enfants, rassemblés par douze ou
» quinze Pères de l'Oratoire, furent au devant du premier consul; je vois
» encore cette belle figure, ces longs cheveux blancs, cette longue robe
» noire du P. Amboin qui s'approche de lui : « Général, les maîtres qui ont
» formé Desaix, Casabianca, Muiron, ont l'honneur de vous présenter
» leurs élèves. » — « Ils sont en bonnes mains, dit le vainqueur d'Italie. »
» Et nous qui savions sa gloire, il nous regardait comme pour nous encou-
» rager à respecter ces religieux qui nous avaient amenés auprès de lui.

» Ainsi ces religieux vivaient comme particuliers, possédaient à titre par-
» ticulier, ayant acquis, je ne dis pas de leurs deniers, mais à l'aide du
» concours de leurs amis et de la confiance des pères et mères, la maison
» de Juilly, où ils vivaient en paix, de 1795 à 1806, époque où j'ai quitté
» cette maison. » (Œuvres de Berryer. — Discours parlementaires, t. III,
p. 576.)

grégation de l'Oratoire, digne héritière de la science
et des vertus de l'ancienne.

Quelques mois auparavant, pardonnez-moi, Messieurs,
ce souvenir personnel, en recueillant les trop rares épaves
de nos archives juliaciennes, dispersées de tous côtés
par la tempête révolutionnaire, j'avais été amené à re-
courir à son obligeance : je le savais nanti de précieux
documents sur nos annales.

De ma vie, je n'oublierai notre première entrevue. Je
n'avais jamais eu l'honneur de l'approcher. A peine lui
avais-je exposé l'objet de ma visite, qu'il me prit la main,
la serra dans les siennes, et me remerciant avec effusion
de lui procurer une dernière occasion de se rendre utile
à notre collège : « Ah! Juilly! s'écria-t-il, que ce nom
» m'est cher! Ma reconnaissance pour lui n'égalera
» jamais le bienfait de l'éducation religieuse que j'y ai
» reçue. »

C'est là, Messieurs, le secret de la tendresse d'affection
qu'il lui a toujours portée ; et ce cri de son cœur qui nous
le livre, est bien digne de remarque. Que les amitiés de
collège, en effet, soient réciproques et durables, c'est
naturel et fréquent. Mais que de l'élève à son maître, dans
l'amour qu'il lui porte et qui rappelle à tant d'égards celui
du fils pour son père, il y ait le retour égal de l'ami à
l'ami, c'est beaucoup plus rare. J'en trouve la raison dans
cette belle pensée de Lacordaire : « Il ne faut pas nous
» plaindre, dit-il, de ce qu'étant enfants on nous aimait
» plus que nous n'aimions et que, devenus vieux, nous ai-
» mons à notre tour plus que nous ne sommes aimés.
» C'est l'honneur de l'homme de retrouver dans ses en-
» fants l'ingratitude qu'il eut pour ses pères et de finir
» ainsi, comme Dieu, par un sentiment désintéressé (1). »
Berryer a su s'élever au dessus de cette condition com-

_____

(1) Lacordaire, 39ᵉ *conférence de Notre-Dame de Paris*, année 1846.

mune de notre humaine misère. Comme vous, mes jeunes
amis, astreint, dans son enfance, à la règle et au travail, plus d'une fois, il nous en a fait l'aveu, il s'est pris
à murmurer contre la sévérité de la discipline qui lui
était imposée. Mais peu à peu à l'essor plus libre de sa
pensée, à l'intime jouissance du savoir, à la satisfaction
plus douce encore du devoir accompli, il a senti qu'il
était dans la voie véritable de sa destinée et de son
bonheur; il l'a senti, et sa reconnaissance en est de-
meurée inaltérable pour les maîtres de sa jeunessse qui
l'avaient initié aux connaissances humaines en les éclai-
rant à ses yeux des lumières de la foi.

C'est à eux, en effet, « c'est à ces derniers survivants
» de la libre et sainte institution de l'Oratoire, » je re-
produis ici son propre langage, « dont la tendresse et la
» vigilance pouvaient défier et la tendresse d'un père et
l'affection d'une mère, » qu'il a dû ce respect pour la religion de nos pères et cette soumission à ses enseigne-
ments sacrés, qui ont fait la sauvegarde de sa vie privée,
le fondement le plus solide de son admirable talent et la
dignité de sa vie publique, couronnée par la mort des
justes entre les bras du Père de Pontlevoy, le disciple le
plus cher de son saint ami, le Père de Ravignan.

En terminant, qu'il me soit permis, mes jeunes camarades, de tirer pour vous de cette belle vie, dont ma
faiblesse n'a pu vous tracer qu'une bien pâle esquisse, la
leçon qu'elle renferme.

Malouet, lui aussi, l'une des gloires de notre vieux
Juilly (1) et qui joua un si grand et si beau rôle à notre
première Assemblée constituante, raconte dans ses *Mé-*

(1) Malouet (Pierre-Victor), né à Riom, le 11 février 1740, élève de
Juilly, de 1753 à 1755; mort à Paris, ministre de la marine et des colonies,
le 6 septembre 1814. « Il ne laissa à ses enfants, dit le chancelier Dambray,

moires que se rendant aux Tuileries peu de jours après le retour de Varennes, il trouva Louis XVI, dans son cabinet, en compagnie de la reine, de son fils et de Madame Elisabeth, et qu'à sa vue Marie-Antoinette, qui avait peine à contenir son émotion, chaque fois qu'elle rencontrait quelqu'un dont le dévouement lui était connu, dit au jeune Dauphin assis auprès d'elle : « *Mon fils, con-* » *naissez-vous Monsieur?* » « *Non, ma mère,* » répondit l'enfant. « *C'est M. Malouet,* reprit la reine, *n'oubliez* » *jamais son nom* (1). »

A mon tour, mes jeunes amis, empruntant la pensée de l'auguste et infortunée reine, je vous dirai : Voilà Berryer, celui de nos condisciples qui a été le plus grand orateur et l'un des plus grands citoyens de notre France contemporaine ; n'oubliez jamais de vous le répéter chaque fois que vous passerez devant ce buste ; et que l'image de ce grand homme vous porte à l'imiter. Sans doute, il sera donné à bien peu d'entre vous de l'approcher par le talent ; mais tous vous pouvez et vous devez, dans les jours d'épreuve qui vous sont réservés (2), devenir à son égal des serviteurs dévoués de l'Église et de la France, en vous appliquant, comme lui, à vous former sur le modèle de vos excellents maîtres, dont les exemples non moins que les leçons vous apprennent si bien à confondre dans un même amour la religion et la patrie.

» que l'héritage de son nom et l'exemple de ses vertus. La France fit les » frais de ses funérailles. »

(1) *Mémoires* de Malouet, t. II, p. 149.

(2) Cicéron voyait pour un peuple les signes avant-coureurs des plus redoutables épreuves dans la réhabilitation des condamnés, l'élargissement des prisonniers, le rappel des bannis, l'annulation des jugements. « Perditæ » civitates, dit-il, desperatis omnibus rebus, hos solent exitus exitiales ha- » bere, ut damnati in integrum restituantur, vincti solvantur, exsules redu- » cantur, res judicatæ rescindantur : quæ quum accidunt, nemo est quin » intelligat ruere illam rempublicam, hoc ubi eveniunt ; nemo est qui ullam » spem salutis reliquam esse arbitretur. » *In Verrem,* II, v ; *De suppliciis,* 6.

www.ingramcontent.com/pod-product-compliance
Lightning Source LLC
LaVergne TN
LVHW020632180726
843502LV00006B/1999